SOMMAIRE

Chapitre 1 - Quand le cocon se fissure

Chapitre 2 - Le cœur entre Bordeaux et Marseille

Chapitre 3 - Le monstre était dans la maison

Chapitre 4 - Le plus beau rôle à jouer

Chapitre 5 - Quand les griffes se resserrent

Chapitre 6 - L'envol de la jeune femme

Chapitre 7 - L'aveu ou le courage de la victime

Chapitre 8 - Il ne vaut pas mieux que son frère

Chapitre 9 - *Tu n'es plus là où tu étais mais tu es partout là où je suis*

Chapitre 10 - L'épreuve de trop

Remerciements

Édition : BoD - Books on Demand, info@bod.fr
Impression : BoD – Books on Demand,
In de Tarpen 42, Norderstedt (Allemagne)
Impression à la demande
ISBN : 978-2-3225-0134-2
Dépôt légal : Octobre 2023

Chapitre 1
Quand le cocon se fissure

Je me souviens encore de l'odeur des pizzas qui sortaient du four de la boulangerie que tenaient mon grand-père et ma grand-mère depuis de nombreuses années déjà. J'y revois les clients s'y presser et faire la queue devant la vitrine, la semaine comme le week-end, tant la réputation de leur boutique était bien établie.

Lui, la barbe hirsute et les mains cornées, tenait de mains de maître ses fourneaux, apprenant ses techniques aux curieux qui s'aventuraient dans la cuisine. Pains au chocolat, navettes, tartes et autres flancs... nous avions des caries sans même manger ses douceurs ! Main de fer dans un gant de velours, c'était un travailleur acharné au cœur tendre et docile.

Une personnalité touchante de vérité.

Entre le charisme de Fernandel et le comique de Louis de Funès, mon grand-père avait toujours une anecdote en stock ou une bêtise sur le bout de la langue.

Elle, les yeux d'un bleu profond, fidélisait la clientèle avec son sourire impassible et son accueil toujours chaleureux.

Maîtresse de maison, elle tenait son foyer avec la

plus grande des bienveillances envers son mari et ses deux filles. La gentillesse incarnée, elle reflétait l'idéal de la grand-mère dans tout ce qu'elle apporte de sagesse et de stabilité.

Aussi sermonneuse qu'espiègle, nous ne manquions pas avec elle de moments de complicité. Constamment à nous faire manger et à nous gâter plus que de raison.

Une femme indéniablement attachante.

Des odeurs, des souvenirs, des ambiances, des regards tous gravés à vie dans ma mémoire et dans mon cœur.

Mes grands-parents formaient un binôme efficace au travail et un couple uni à la vie : probablement un des couples les plus heureux qu'il m'ait été donné de voir. Leur cocon, une maison du bonheur, à la porte toujours ouverte à la famille, aux voisins, aux amis, aux amis des amis.

Nous sommes à la fin des années 1980 et il fait bon vivre dans les quartiers de la cité phocéenne. Les générations se croisent, échangent et partagent tandis que la jeunesse se contente de peu pour s'épanouir.

C'est là, au cœur de cette décennie, dans cette environnement et entourée d'une fratrie soudée, que se sont déroulées les premières années de ma vie avec ma mère d'un côté et mon père de l'autre.

Comme beaucoup d'enfants à cette époque, je n'ai jamais vécu avec mes deux parents. Je ne les ai tout simplement jamais connus ensemble. Peut-être était-ce finalement moins douloureux comme ça.

Je n'ai vécu que l'alternance.

Celle qui crève le cœur des enfants. Je l'ai vécu et mal vécu. Échanger quotidiennement de maison, accumuler la fatigue de semaine en semaine, être tiraillée entre l'envie de partager davantage de temps avec l'un et d'être plus longtemps avec l'autre. L'impression de toujours devoir choisir, de rendre jaloux. Mes repères étaient totalement brouillés et j'appréhendais les soirées, les week-ends et surtout les vacances scolaires.

Fichues vacances scolaires. Bien trop longues.

J'avais du mal à les apprécier chez mon père. Mais, aussi distant qu'il pouvait paraître, aussi insensible qu'il pouvait parfois être, il restait mon père et l'amour que je lui portais n'a jamais failli. Je l'aimais. Profondément.

Tendrement. Mon papa, une grande partie de moi.

Et il m'aimait en retour, je le savais.

Pourtant, sans m'oublier pour autant, il aimait aussi beaucoup les femmes. J'ai vu passer dans ma vie de nombreuses belles-mères, des femmes aux situations différentes, parfois gentilles, parfois détestables, parfois transparentes.

Une seule était inégalable pour moi : Claudia. La belle et douce Claudia et ses deux enfants avec lesquels les étés m'ont paru moins longs au karting que tenait mon père. Je revois ces semaines passées à l'aider pour servir les clients et l'assister sur les pistes.

Je me revois, le sourire aux lèvres.

Oui je me souviens très bien de ces longues soirées d'été autour du barbecue à me rapprocher de lui, à absorber ses paroles, ses conseils, à rire à ses blagues. J'étais bien à cette époque, je ne demandais rien de plus. J'étais bien avec lui, avec Claudia, avec eux. Mon petit monde était en place et aucun nuage ne pointait à l'horizon.

J'étais bien avec eux, bien mieux que sur les bancs de l'école.

Renfermée, peu confiante en moi-même, j'ai survécu tant bien que mal aux années collège et à leur lot de moqueries. Ce que les enfants peuvent être bêtes et méchants à la pré adolescence.

Isolée, j'étais malmenée par certaines filles de mon âge et je redoutais les récréations et le temps de la cantine. Elles se pensaient supérieures, elles ne savaient pas ce que je vivais, ce qui m'empêchait d'aller vers elles et les autres.

Je me suis sentie si seule et incomprise à cette époque, comme vivant dans un autre monde. A l'époque comme aujourd'hui, être différente signifie forcément être inintéressante, infréquentable

Mes seuls moments de répit : quand mon père me faisait la surprise de venir me chercher à moto devant les grilles du collège.

Il m'attendait garé juste à côté, le casque posé sur le guidon. Mon cœur battait la chamade quand je l'apercevais de loin et je courais à m'en couper le souffle pour m'échapper le plus vite possible de cet enfer. La fierté que je ressentais à ces moments-là me transcende encore aujourd'hui.

Elles faisaient moins les fières ces pestes qui me traquaient.

Il fallait voir l'allure que j'adoptai pour les narguer, j'y prenais un malin plaisir.

La complicité que j'avais avec mon père n'avait aucun égal. L'apprentissage de la vie à ses côtés a été merveilleux et nos quotidiens, pourtant si simples, me comblaient de bonheur. Je l'aurais suivi jusqu'au bout du monde. Je voulais tout partager avec lui, tout apprendre de lui et par-dessus tout qu'il soit fier de moi.

J'aurais aimé ne rien changer à ces moments, les fixer dans le temps et les conserver.

Chapitre 2
Le cœur entre Bordeaux et Marseille

Pourtant, quelques années plus tard, j'ai dû dire adieu à Claudia, au réconfort et à la tendresse qu'elle m'apportait quotidiennement ainsi qu'à son clown de fils qui me faisait tant rire. Puis, j'ai dû dire bonjour à Christine, une secrétaire qu'il avait rencontré au travail.

Encore une.

Christine, la nouvelle femme qui avait fait chavirer le cœur de mon père et qui allait bientôt le séparer de moi. Christine, celle contre laquelle je n'ai plus eu aucun poids. Elle a tout éclipsé dès son arrivée, jusqu'à la lucidité de mon père.

Je crois que mon cœur s'est brutalement fendu le jour où il m'a annoncé qu'il la suivait à Bordeaux. Premier gros orage dans ma vie. Le ressenti immédiat et douloureux d'un abandon total, physique, géographique.

Le goût amer d'une trahison.

Aussi vite qu'on ferme une valise, il a vendu le karting et est parti s'installer à plus de six cents kilomètres de moi. Quelques années plus tard, Christine lui donna deux enfants.

Je ne me souviens pas de liens d'affection avec eux, pour eux. Je ne me souviens même pas de véritables moments de partage ou de complicité. Je sais seulement que mon cœur à continué de se fendre à leurs naissances.

Je devais être jalouse, quel enfant ne l'aurait pas été dans une situation pareille. Jalouse à la fois mais pas envieuse pour autant.

L'adolescente que je devenais a particulièrement mal vécu cette période : je n'avais plus mon père près de moi, à proximité, je ne le voyais que trop peu et je devais malgré tout le partager. Je ne pourrais jamais oublier ces soirées, ces nuits à pleurer, à culpabiliser et à me questionner. Et ce manque que je ressentais et qui me brûlait le ventre, ce manque dont malheureusement personne ne pouvait combler le vide.

Même pas lui.

Je ressens encore cette douleur qui me serrait la poitrine tous les soirs avant de m'endormir, enfouie sous ma couverture.

Mon sourire disparaissait progressivement de mon visage et mes traits se sont durcis bien trop tôt. Quelques jours pendant les vacances scolaires ne me suffisaient plus. Je voulais le voir plus. Je lui en ai voulu. Terriblement.

Mais je ne lui ai jamais dit.

Un jour que ma mère l'avait au téléphone, j'ai surpris une conversation qui allait à jamais sceller la rancœur que j'avais envers lui.

Et pour longtemps.

« Tu as choisi de partir, à toi d'assumer les frais. Elle meurt d'envie de te voir, trouve une solution pour qu'elle vienne chez toi lui répondit-elle. Mais il insista de son côté :
- Je ne peux pas, c'est impossible ce mois-ci. Je lui prendrais un billet pour les prochaines vacances. Promets-lui qu'elle viendra bientôt.
- Tes promesses nous usent. Tu la rends triste, ça suffit ! tonna ma mère.
- Puisque c'est comme ça, garde la ta fille ! conclut-t-il avant de raccrocher. »

Je me tenais près d'elle, j'avais tout entendu.

Mon cœur a bondi dans ma poitrine et j'ai ressenti un gouffre de tristesse. L'amour que je lui portais ne faisait alors plus le poids dans la balance face à la colère qui montait en moi. Plus que l'argent, c'était la motivation qui lui manquait, l'envie de me voir qu'il n'avait plus. J'ai réalisé qu'il ne faisait pas d'efforts pour moi.

Nouvelle rechute de la confiance en soi et nouvelle période de doutes intenses.

Ma mère m'a proposé de me payer le billet pour que je puisse le rejoindre. Mais j'ai catégoriquement refusé.

Je suis restée auprès d'elle, elle qui a comme tant de fois séché mes larmes et apaisé mes souffrances. Elle qui m'a consacré tout le temps qu'elle aurait pu avoir pour elle.

Des larmes, toujours des larmes, encore des larmes.

Je crois qu'à un certain moment, je n'en avais plus assez. J'avais constamment le cœur sec, la gorge nouée. Je ne le savais pas et elle se gardait bien de me le montrer, mais ma mère n'avait plus de larmes non plus.

De quelle force était-elle faite ? Comment-a-t-elle pu supporter cela ?
Comment-a-t-elle pu supporter cette situation ?

Le divorce a été très compliqué mais elle s'est battue pour moi et a fait de nombreux sacrifices dans l'espoir de me rendre la vie plus belle.
Comme toutes les mamans, vous me direz.

Non, pas comme la mienne.

Sa cape de super-maman sur le dos, elle avançait jour après jour et enchaînait les heures de travail sans compter dans le salon d'esthétique au rez-de chaussée de la maison. Et à chaque occasion qu'elle avait, elle me poussait vers le haut, me tirait vers le meilleur de moi-même, m'ouvrait a la vie, me préparait à ce qui allait suivre.

Le meilleur exemplaire de maman qui existe.

Une femme blessée au cœur n'en reste pas moins une maman exceptionnelle. Ma maman, mon pilier et mon exemple de droiture dans cette existence.

Un modèle.

Une icône incontournable et sacrée, la personne la plus merveilleuse au monde. Une source d'inspiration pour moi. Que ce soit le jour ou la nuit, elle était toujours là pour moi, peu importe la condition, la situation.

Plus admirable encore, elle a toujours porté mon père en respect et ne l'a jamais dégradé. Jamais un mot méchant, une remarque déplacée ou un commentaire empoisonné.

Jamais.

Une façon pour elle d'assumer ses choix et de ne pas faire gangréner les relations afin que je trouve ma place dans cette vie de famille éclatée.

Et au fond, elle avait raison, il ne le méritait pas mon papa.

Chapitre 3
Le monstre était dans la maison

Non, il ne le méritait pas. Pas du tout même. Un seul a mérité et méritera à jamais toutes les insultes du monde. Adrien. Celui qui a fait éclater ma vie en mille morceaux. Celui qui m'a tout pris.

Pendant trop longtemps.

Mais celui qui a aussi révélé en moi la plus grande force qui soit, celle qui vous amène à vous dépasser dans chaque épreuve que la vie met sur votre chemin. La force de l'enfant, la force de la femme, la force de la mère.

Il a décuplé en moi un pouvoir insoupçonné.

C'est lors d'une sortie à la foire de Marseille que ma mère croisa Adrien, un ancien collègue habitant de la cité où elle vivait. Jour maudit. Si ma mère était sur ses gardes, lui s'était malheureusement laissé griller par le coup de foudre.

Peu apprécié des habitants de la cité en question, il ne l'était pas plus dans mon entourage familial. Il a dû se démener pour entrer dans les bonnes grâces de chacun et mériter sa place.

Mais il se leurrait.

D'un naturel nonchalant, il oscillait entre douceur et rudesse, entre léthargie et agressivité. Mon oncle l'avait en horreur et ma grand-mère, qui l'avait connu jeune, ne supportait pas sa présence. Vous auriez dû la voir apprendre qu'un mariage se préparait, que sa fille donnait sa vie à un tel abruti.

Elle le détestait autant qu'elle l'effrayait.

Oui, j'en suis sûre, Adrien craignait ma grand mère. Et de loin.

Les repas de famille n'étaient donc définitivement plus les mêmes avec lui assis à nos côtés. Et pourtant, je ne compte plus le nombre de repas que nous avons partagé avec lui.

Trop, c'est certain.

Nous vivions tous les trois, Adrien, ma mère et moi, dans une grande maison varoise et je passais beaucoup de temps à jouer avec mes deux chiennes dans notre grand jardin. Indéniablement, le chien est vraiment le meilleur ami de l'homme.

Elles m'apportaient énormément de réconfort dans les moments où j'en avais besoin. Elles me comprenaient, j'en étais certaine.

Adrien avait eu une fille d'une première union, Émy. Elle avait trois ans de plus que moi et vivait principalement avec sa mère qui déménageait assez souvent.

Je la voyais peu mais quand c'était le cas, mes week-ends et mes vacances étaient fantastiques.

Je ne les redoutais enfin plus, j'étais même impatiente qu'ils arrivent. Elle était ma délivrance, celle qui ensoleillait mes souvenirs et rendait chaleureuses mes soirées d'été.

Émy est vite devenue une amie pour moi, une véritable demi-sœur et une charmante belle-fille pour ma mère : nous avons toutes les trois tissé des liens très forts. On prenait plaisir à discuter, se coiffer, se déguiser, se cacher. Je me souviens de bêtises, de blagues, de rires .

Comme ces fois où Émy pensait berner tout le monde en remettant dans le frigo des papiers de chocolats qu'elle avait mangés. Elle avait bien sûr fini par se faire prendre la main dans le sac par son père. Furieux, il l'avait alors grondé fort.

Elle n'avait pas pour autant sourciller.

Et ce midi où l'on faisait les imbéciles dans la cuisine et qu'elle est tombée sur le lave-vaisselle. Ma mère et moi sommes parties en fou rire pendant qu'elle souffrait le martyre. Elle avait d'ailleurs eu peine à se relever.

Cette fois, c'est nous trois qui nous sommes faites gronder.

Adrien n'était pas très commode avec Émy, il lui faisait constamment des réflexions désagréables.

Malgré cela, elle aimait le provoquer.

Tout le contraire de moi qui en avait peur.

Nous étions souvent punies et forcées de faire des devoirs - si copier le Bescherelle une vingtaine de fois peut constituer un devoir. Ce n'est d'ailleurs pas pour autant que le connaissions bien !

Même punie, j'aimais passer du temps avec elle.

Mais quand elle n'était pas là, je vivais un calvaire. Chaque jour, sous des cris incessants, je devais me plier à ses ordres et répondre à ses demandes les plus ingrates et humiliantes. Lui masser le dos, lui apporter ses pantoufles, lui couper les ongles de pieds, ranger le bois sous la pluie, ordonner son garage, tondre un terrain de six cent mètres carrés, lui tenir le parasol en été...

Si j'oubliais ou si je faisais mal, j'étais punie.

Ma mère et moi ne pouvions pas le quitter, il s'imposait aux repas, en courses, à la pharmacie.

Il exerçait une grosse emprise et la position de

dominateur qu'il essayait d'asseoir sur nous à conditionné sa conduite pour les années à venir. Nous étions interdites de sortie s'il n'était pas convié, interdites de moments entre nous.

Traquées durant les quelques qu'il nous a été possible d'organiser.

Soumises quoi..

Leur couple s'effritait et ils se disputaient souvent, et de plus en plus souvent
au fil des années.

Colère, rancune et frustration se sont accumulées.

Combien de fois ais-je fait ma valise pour la reposer dans mon armoire. Mais combien de fois aussi a-t-il su nous retenir, nous amadouer, nous récupérer.

Les crises étaient nombreuses, ne duraient jamais longtemps mais revenaient en un éclair à cause d'un détail la plupart du temps complètement insignifiant. Un horaire non respecté, un évier rempli de vaisselle, un texto reçu trop tard.

Cependant, ma valise était toujours prête sous mon lit. J'ai longtemps attendu ce moment où je pourrais la poser à l'arrière de la voiture de ma mère et dire au revoir à Adrien, avec peut-être même un sourire pendu aux lèvres.

J'en ai même probablement rêvé.

Mais ma valise est restée dans l'armoire, mois après mois, années après années.

Chapitre 4
Le plus beau rôle à jouer

1er avril 1999.

La naissance de mon petit frère, un des plus beaux jours de ma vie. Un poupon blond aux yeux bleus qui m'a instantanément comblée de bonheur. L'amour que j'ai ressenti au moment où j'ai plongé pour la première fois mon regard dans le sien est indescriptible, irrationnel.

Si puissant.

J'avais enfin découvert la richesse de l'amour fraternel, enfin un frère à moi que je pourrais voir tous les jours, dont je pourrais profiter pleinement.

Mon petit frère, mon trésor.

Il m'a apporté tellement de joie, de réconfort et le si magnifique rôle à jouer de la grande sœur. Je m'en suis occupé comme une maman, une petite maman de remplacement qui lui offrait chaque instant, chaque minute, chaque seconde de son temps libre. Et avec un plaisir infini.

Mais cette joie ne fut que de courte durée : Adrien avait avait pris un congé parental pour trois ans. Il serait donc constamment à la maison.

Pour que ma mère puisse rapidement retourner au travail. Bien sûr. Seulement quinze jours après avoir accouché.

Il vivait à son crochet et s'accaparait ses revenus pour ne lui en redonner qu'une maigre partie. Cent cinquante euros par mois suffiraient à acheter nos vêtements.

Elle devait ne surtout ne pas se plaindre ou en demander davantage. Et le peu d'argent qu'elle pouvait mettre de côté, elle le réservait aux achats de Noël ou d'anniversaires.

« Mais comment fais-tu pour vivre avec si peu ? lui demanda un jour une de ses clientes à l'institut.
- Je ne réfléchis pas, je fais, lui répondit ma mère.
- Vous êtes forte mais vous le seriez encore plus si vous le quittiez reprit la cliente. Un proxénète, cet homme est un proxénète, un vrai poison ! continua alors la cliente »

Si je ne savais pas ce que le terme proxénète signifiait à l'époque, j'avais tout de même compris qu'il ne s'agissait certainement pas de compliments.

Les autres voyaient donc comme moi, que quelque chose n'allait pas et que son comportement ne rentrait pas dans la normalité.

Qu'il y avait un problème. Un gros problème.

Pourtant d'aucuns diront que nous n'étions pas à plaindre et c'est vrai : nous partions souvent en vacances. Adrien était complètement différent en vacances, comme si le monstre se cachait le temps de quelques jours pour nous laisser passer de bons moments. Il en était donc capable, il était capable d'être un simple et bon beau-père.

Et quand Émy était là, c'était encore mieux.

Les années passèrent et je voyais mon frère grandir. Combien d'histoires j'ai pu lui raconter et combien de chansons j'ai pu lui chanter. Je le revois venir se glisser dans mon lit les soirs d'orages. Je lui donnais très souvent le bain, lui faisait à manger.

Tout pour que ma mère en fasse le moins possible après ces journées de travail éreintantes.

Je bouffais chacun de ses sourires, chacune de ses expressions. Je ne voyais qu'amour en lui. Je me sentais investie d'une mission à vie, pour laquelle je prenais plaisir à accomplir une à une les tâches.

Je ne perdais jamais de temps à ses côtés.

Mon petit frère, ma chair et mon sang. Je l'ai protégé à ma manière et l'ai aimé de la plus douce des façons qui soit. Son insouciance me touchait, je voulais le préserver de ce qu'il se passait dans cette maison.

Bien sûr, d'un point de vue logistique, je ne pouvais pas compter sur l'aide d'Adrien et son palmier dans la main l'empêchant même de changer une couche.

Pourquoi avait-il pris le congé parental ?

Pour ne pas avoir à aller travailler tout simplement, pour pouvoir rester à la maison et ne rien faire en dirigeant son petit monde.

Pour contrôler.

Mais son petit monde a commencé à s'effriter quelques années plus tard quand Émy, devenue mère, disparue de sa vie. Elle ne supportait plus ses réflexions et avait choisi de couper les ponts et de ne plus jamais reparler à son père.

J'ai d'abord trouvé ça courageux. Mais j'ai rapidement déchanté, sans m'attendre à une nouvelle déception. Oui, malheureusement, Émy disparue également de ma vie.

Deuxième orage, deuxième abandon.

pan de vie et tant pis pour les dommages collatéraux, pour les électrons qui gravitent autour de la personne avec laquelle nous sommes en conflit.

En dépit des amitiés, même les plus fortes.

J'ai profondément souffert du départ brutal d'Émy et lui en ai longtemps voulu.

Qu'avais-je fais pour qu'elle aussi m'abandonne ? Pour qu'elle ne me donne plus aucune nouvelle du jour au lendemain ?

J'ai profondément souffert du départ brutal d'Émy et lui en ai longtemps voulu.

Qu'avais-je fait pour qu'elle aussi m'abandonne ? Pour qu'elle ne me donne plus aucune nouvelle du jour au lendemain ?

J'avais perdu ma demi-soeur, ma sœur de cœur, ma copine de plage, ma camarade de bêtises et mon bouclier contre le monstre qui habitait dans cette fichue maison.

Si j'avais pu vivre les années qui ont suivi a simplement obéir aux ordres d'Adrien ou a seulement me faire disputer. Si j'avais pu seulement apprendre à coexister avec lui.

Si j'avais pu lui échapper durant les années qui ont suivi, j'aurais en contrepartie accepté de tondre toutes les pelouses du village, de rentrer le bois pour deux hivers successifs, de lui couper les ongles des pieds matins et soirs.

J'aurais pu absolument tout accepter si cela avait pu changer le cours de ma vie.

Tout.

Chapitre 5
Quand les griffes se resserrent

C'est un jour d'automne, un dimanche je crois.

Les feuilles tombent. L'ambiance à la maison est aussi glaciale que la température extérieure. Adrien crie dans le salon, plus que d'habitude et sur un ton différent, plus agressif. Pourtant je sens dans sa voix que quelque chose ne va pas. Ma mère essaie de le raisonner mais rien n'y fait, il s'est passé quelque chose.

Quelque chose de grave.

Entre quelques coups donnés sur une porte, j'entends des bribes de discussions qui ne présagent absolument rien de bon : «Michel», «procès», «se taire».

Michel était le frère d'Adrien, un homme trouble qui n'en était pas à sa première histoire. Il avait disparu depuis quelques jours, personne n'était parvenu à avoir de ses nouvelles.

C'est tant bien que mal que nous avons découvert qu'il était retenu en garde à vue au poste de police. Qu'avait-il fait cette fois : une nuit trop alcoolisée ? un contrôle sur route qui aurait mal tourné ?

Non. Quelque chose de bien pire, quelque chose d'inimaginable.

Il était soupçonné d'attouchements sexuels sur ses propres filles. Reconnu coupable de pédophilie, il écopa d'une peine de neuf ans de prison ferme. Ce salaud avait sodomisé la première et abusé de la deuxième.

Ce fut le choc, pour toute la famille, pour tout le village.

Un monstre pire que celui que j'avais à la maison me suis-je dis. Comment peut-on agir de la sorte avec les enfants dont on est censé prendre soin ? En qui avoir confiance si ce n'est en son propre père ? Un monstre pire que celui que j'avais à la maison ?

Non. J'avais tort, et c'est à partir de ce moment que mon cauchemar a commencé.

Adrien allait se révéler.

Comme son frère, Adrien perdit le contrôle sur sa vie et usait toute son énergie à dissimuler la vérité à sa famille, à ses amis et à ceux qu'il croisait. Il se renferma sur lui-même et se mit progressivement à tenir des discours qui, je l'ai compris plus tard, servaient à m'attendrir.

Il me racontait qu'il m'avait élevée comme sa propre fille, qu'il m'aimait et que j'étais la seule à pouvoir le comprendre.

Me disait qu'il était malheureux car ma mère s'éloignait et l'aimait moins depuis cette histoire.

Qu'il avait besoin de tendresse, d'amour.

La situation était particulière, il semblait perdu, triste. Il était mon beau-père, le père de mon frère, l'amoureux de ma mère. Je ne voulais pas qu'il me dispute, je voulais que tout se passe bien entre nous. Alors j'ai répondu à ses demandes. Je lui ai massé le dos de nombreuses fois.

Puis le ventre très souvent.

Puis, il me demandait de lui masser les cuisses et quand il se lassait des cuisses, il me demandait de lui masser l'entre-jambes. Il aimait ça. Je n'y voyais rien de mal. Il était malheureux, il aimait mes massages. Je faisais ce qu'il me demandait parce que je lui faisais confiance.

Une entière confiance, comme en un père. Je n'y voyais vraiment rien de mal.

Mais c'est devenu régulier. Chaque occasion était bonne, surtout quand ma mère partait travailler. Il venait me chercher à l'institut tous les vendredis midi. Je savais ce qui m'attendait une fois la porte de la maison fermée.

J'ai masturbé cette pourriture pendant presque

sept ans.

« C'est notre petit secret ma chérie. De toutes façons, personne ne te croira ! disait-il ». Partager un secret avec lui me permettait d'apaiser nos relations. Et personne ne m'aurait cru, j'en étais sûre.

Il avait raison.

Au bout de quelques années, les choses ont évoluées. Par honte sans doute, il me demandait de lui cacher le sexe après l'acte. Peut-être ressentait-il des remords alors que je grandissais à vue d'œil.

De mon côté, j'avais bien compris que quelque chose n'allait pas, que nous faisions quelque chose d'interdit. D'interdit et de beaucoup trop secret. Si secret qu'une partie de ma mémoire s'est effacée, si tabou que je n'arrive parfois même plus à mettre d'images.

Si honteux que mon cerveau préfère occulter.

Devenue adolescente, j'ai commencé à me sentir plus forte et à refuser ses demandes mais son emprise était trop grande et il finissait toujours par m'amadouer pour arriver à ses fins.

Il savait quoi me dire pour m'attirer dans ses filets et me retenir telle une proie.

Un animal.

Un prédateur.

Puis c'était devenu du chantage : si je ne le massais pas, j'avais interdiction de sortir, ce que je ne faisais déjà pas beaucoup.

Emmurée dans ce secret incestueux, je suis devenue introvertie et me suis progressivement coupée de mes proches sans explications. Comment ai-je pu supporter cela pendant sept longues années ?

Le poids du secret avait gangréné ma vie complète et je ne me sentais jamais prête à prendre la parole. Jamais prête à dévoiler tout cela.

A qui en parler de toutes façons ? A qui balancer ces horreurs sans peur d'être prise pour une menteuse ou encore pire, l'aguicheuse, la fautive ?

Qui allait m'écouter sérieusement ?

Alors, j'ai continué à me taire. Pendant des années en encaissant le poids de la honte.

Chapitre 6
L'envol de la jeune femme

Le CFA, ma délivrance.

J'y ai suivi une formation en esthétique pour apprendre le même métier que ma maman. Je l'admirais. La satisfaction de ses clientes à leur sortie de l'institut en disait long sur sa manière de faire.

Elle était douée et je voulais être comme elle.

J'ai surtout rencontré Thomas au CFA. Nous avions dix-sept ans. C'était le premier, et ça a été le seul. Nous étions amoureux, j'ai tout de suite vu en lui l'amour de ma vie, le pilier qui m'aiderait à devenir une femme forte et équilibre.

Celui qui accepterait mes failles et mes doutes.

Mais malheureusement quand je rentrais du CFA, Adrien était toujours là. Toujours triste. Toujours malheureux. Jaloux même. Son emprise tenait bon.

Le chantage continuait et il en est même venu à me donner de l'argent pour que je me taise.

Il me payait pour que je garde le silence.

Je rencontrais mon premier amour et pourtant

mon estime de moi était au plus bas. Je me sentais salie, honteuse, coupable et incapable de me donner entièrement à Thomas.

Et pourtant je ne parvenais pas à dire non à Adrien.

Quand Thomas avait le droit de venir à la maison, Adrien nous installait dans une caravane au fond du jardin. Pendant presque un an, nous étions reclus dans cette bicoque, sans chauffage.

Mais nous préférions avoir froid et être ensemble que d'être séparés.
Et tant pis si Adrien et Thomas se détestaient.

Tant pis s'il fallait que j'en paie le prix, nous étions ensemble, blottis et rien ne pouvait nous atteindre. Les bras de Thomas étaient mon univers, mon coin de paradis.

A presque dix neuf ans, je suis partie de chez moi pour vivre avec Thomas dans un studio de trente mètres carrés. Nous étions si heureux d'être enfin ensemble et libres. D'installer notre routine comme un couple normal. Les papillons dans le ventre et l'envie irrémédiable de se revoir juste après s'être quittés.

Les messages par centaines en moins d'une heure.

L'amour, le vrai.

Et même si certaines fins de mois ont été difficiles à boucler, il était hors de question de revenir en arrière.

Nous nous battions tous les jours, tous les deux, main dans la main.

Ensemble.

Et Thomas trouvait toujours des solutions.

Nous avons par la suite déménagé plusieurs fois, plus soudés que jamais. Et quelques années plus tard , à l'aube de mes vingt et un an, je suis tombée enceinte.

Trois mois de grossesse puis, plus rien. Nous devions être trois, nous sommes restés deux.

Scandale à l'hôpital !

Adrien ne voulait laisser entrer personne dans ma chambre. Je crois avoir lu dans ses yeux la peur que, sous la tristesse, la pression, les émotions en général, je puisse révéler ce qu'il se passait entre nous à ma mère, à mon frère ou à Thomas.

Jusque dans ce moment si difficile de ma vie, il s'accrochait et resserrait sur moi ses griffes.

C'est finalement l'infirmière qui a du intervenir. Résultat, à cause de son intervention, je me suis retrouvée seule dans cette chambre froide et vide avec pour seules compagnes mes peines.

J'ai cru, l'espace d'un instant, que tout allait s'arrêter après cette épreuve que je venais de passer.

Mais encore une fois, je me trompais.

Le cauchemar a continué malgré tout, d'autant qu'Adrien possédait un double des clefs de mon appartement.

Il a brisé mon enfance, détruit mon adolescence et marqué à jamais ma vie de femme. Il contrôlait ma vie, mes relations, mon argent, mes gestes. Il contrôlait tout. Tout le temps. Sans arrêt. Il m'éloignait des membres de ma propre famille.

Il ne m'aura épargné aucun moment.

Jusqu'au jour où je suis partie travailler ailleurs, loin de notre village et que j'ai quitté un appartement qu'il me louait. C'était le moment, il fallait que je sorte de cet enfer. Il perdit alors brutalement le contrôle, tout lui échappait, je lui échappais. Je partais loin de lui, avec l'homme de ma vie pour ne plus jamais avoir à lui rendre de comptes.

J'étais déterminée et plus que jamais soutenue par Thomas.

Soutenue par ma famille aussi et ce, dès le début. Ils nous ont aidé comme il l'ont pu. Ils ont été présents dans les moments difficiles.

Notamment pour les deux fausses couches qui ont suivi.

J'ai eu l'impression d'être punie par la vie : avoir un enfant, qui plus est avec Thomas, était mon plus grand rêve.

Et je n'y parvenais pas.

Thomas mon sauveur, mon amour. Je dois une reconnaissance infini à cet homme qui est aujourd'hui mon mari. Un homme qui ne m'a jamais laissée tomber, qui a toujours pris ma défense et qui m'a toujours portée vers le haut.

Vingt ans de vie commune, dix ans de mariage.

Mon Thomas, mon amour, celui qui a demandé ma main lors d'un voyage inoubliable à Bali.

Mon Thomas, qui pourtant ne savait rien de mon calvaire.

Chapitre 7
L'aveu ou le courage de la victime

Les mois passèrent aux côtés de Thomas et je sentis une force grandir en moi. Une volonté de mettre des mots pour avancer, pour évoluer, aller de l'avant.

Pour revivre.

Adrien avait perdu le contrôle et je commençais timidement moi à le reprendre. La balance s'était inversée et il était maintenant grand temps. Temps de déchirer cette carapace de victime qui pesait un poids incroyable.

Temps d'accuser, d'affronter.

Parce que je me sentais en totale confiance avec ma marraine, c'est à elle que je me suis d'abord livrée. Elle de qui j'ai toujours été si proche, si fusionnelle. La tendresse d'une mère et le grain de folie d'une tante.

A elle que, non sans mal, je me suis confiée.

Au moment où j'ai senti que ce passé était en train de mettre à mal ma relation avec Thomas, déjà bien égratignée.

Il était hors de question que cette pourriture vienne gangréner jusqu'à la plus belle chose que j'avais construite. Ma vie de couple.

J'avais besoin d'en discuter, de démêler les nœuds de cette situation et d'être conseillée, rassurée.

Sans grande surprise, ma marraine réagit avec une très grande colère. Je revois ses yeux, je revois ses gestes, les cent pas qu'elle a fait et refait.

Outrée. Dégoûtée.

Je l'ai vu passer par les états les plus sombres.

Je venais de balancer une bombe qui allait à jamais changer le cours de ma vie, de sa vie, de nos vies.

Elle bouillonnait et j'ai senti nécessaire de lui demander de garder le secret, de n'en parler à personne. Surtout pas à son mari qui, même avec la seule intention de me protéger, aurait été capable de défigurer Adrien.

J'avais encore besoin de temps.

Nous avons ainsi toutes les deux gardé le secret plus d'un mois durant. Que ma mère ne soit pas au courant, c'est cela qui me rongeait le plus.

Mais comment lui dire ? Me croirai-t-elle au moins ? Me jugerai-t-elle ? M'en voudrai-t-elle? Et surtout, m'aimerai-t-elle toujours autant ?

C'est un appel de ma marraine qui a tout changé.

« Je ne peux plus garder ça pour moi ma puce, et tu ne peux pas vivre avec ça plus longtemps me lança-t-elle. Elle ajouta qu'elle en avait parlé à mon oncle, qui avait promis de ne rien tenter de préjudiciable.
- Mais que dois-je faire ?
- En parler. D'abord à Thomas me conseilla-t-elle »

C'était décidé. J'allais lui parler le soir même.

La journée m'a paru terriblement longue. Mon cœur vibrait d'anxiété dans ma poitrine et mes mains ont été moites toute la journée. Je fixais l'horloge d'un double regard : j'avais envie que les minutes défilent pour enfin tout révéler à mon homme mais j'aurais souhaité que les heures restent figées par peur de sa réaction.

Comprendrai-t-il mon silence ? Me pardonnerai-t-il ? Voudrai-t-il toujours de moi ? Méritai-je encore d'être sa femme, de partager son lit ?

J'avais si peur.

D'autant que je pensais le trouver seul à la maison. Mais ce soir-là, mon meilleur ami l'avait rejoint. Au vu de mon état de stress et des larmes qui commençaient à s'accumuler au fond de mes yeux, il leur a fallu peu de temps pour comprendre qu'il était nécessaire que la soirée s'écourte.

Vite.

La première réaction de l'amour de ma vie : s'excuser de ne rien avoir vu, de ne pas avoir pu m'aider et me sortir des griffes de cette saloperie.

Puis incompréhension. Colère. Tristesse. Colère de nouveau.

Lui aussi aurait pu le défigurer sur-le-champ.

Vint alors le moment que je crois avoir redouté le plus au monde. Mettre ma mère au courant. Lui dire que son mari, le père de son fils, est un pédophile.

Depuis vingt trois ans. Un pédophile, un animal, un malade.

Un monstre, comme son frère.

C'est à nouveau ma marraine qui m'a aidée à me lancer. Elle fit venir ma mère chez elle, s'assurant qu'Adrien ne l'accompagnerait pas. Ce qui avait d'ailleurs mis le monstre en rogne. Peut-être sentait-il quelque chose.

Et oui, la conscience, ça rattrape au bout d'un moment.

Tout est sorti : des années de sévices, de souffrance, des années de culpabilité et de dépression inconsciente. Mais aussi et surtout, j'ai enfin pu lui expliquer les raisons de mon comportement à son égard.

Celles qui m'ont poussée à me renfermer sur soi même et à terriblement m'éloigner d'elle.

Si elle eu tout d'abord du mal à croire ce qu'elle entendait, elle m'apporta très rapidement son soutien. Ma marraine prévint alors immédiatement mes grands-parents.

En peu de temps finalement, ma famille su.

Cet après-midi là, nous devions récupérer mon frère chez Adrien. Ma marraine et mon oncle ont décidé de s'en charger, ce qui a fini de le mettre en alerte.

Moins d'une demi-heure après leur retour, Adrien était au portail de la maison de ma marraine. On lui interdit d'entrer.

Tout bascula alors très vite.

Le visage blême, la bouche sèche, les yeux exorbités et les poings serrés, il me menaça. Notamment de revenir armé. Ce qu'il ne fit pas.

« Ce n'est pas fini pour toi, lui ai-je alors lancé, déterminée, tu vas payer !»

Chapitre 8
Il ne vaut pas mieux que son frère

Oui, c'était bel et bien fini et j'étais décidée à le matérialiser.

Dès le lendemain, après cette nuit très agitée, j'ai pris la route du commissariat de police du village. Il était clairement question de porter plainte contre Adrien. Les langues s'étaient déliées et le brouillard s'était enfin dissipé dans ma tête : ce fut donc sans état d'âme que je me présentais au poste.

J'étais prête.

Il fût extrêmement difficile de raconter une telle histoire à un homme planté derrière un comptoir.

Expliquer le contexte, détailler les faits, épiloguer sur la raison qui me poussait à ne le dire que maintenant. Se sentir dévisagée, jugée et même rabaissée.

Je crois pourtant qu'à cet instant, quoi que l'on ai pu me rétorquer, me reprocher, il était exclu de reculer dans la démarche.

J'étais vraiment prête.

Malheureusement, comme pour beaucoup de jeunes femmes dans mon cas, je n'ai pas été prise au sérieux et ma plainte a été mise de côté. Posée en haut de pile que personne ne toucherait avant des mois, des années, des décennies même.

Qui savait.

Alors j'ai attendu ce qui m'a paru être une éternité pendant que ma mère et mon frère, contraints de rester auprès d'Adrien, continuaient de vivre l'enfer, serrés dans un pool house aménagé.

J'ai patienté.

Et c'est un an plus tard que j'ai été recontactée par les services de l'ordre, grâce à l'aide de mon oncle. J'ai dû tout recommencer, tout redire à une autre personne.

Un autre gendarme qui, consciencieux, m'a cru et a correctement fait son travail. Un père, probablement.

Il enclencha le processus et tout s'accéléra.

Adrien fût convoqué le lendemain matin et placé en garde à vue dans la foulée. Puis, lui comme moi, nous avons dû subir une expertise psychiatrique sur Toulon. Elle a duré des heures pour moi, si bien qu'il m'a été impossible de me présenter à la confrontation qui avait été planifiée.

J'en fus d'ailleurs relativement soulagée.

Ce même gendarme m'appela dans les jours qui suivirent pour m'annoncer que le monstre avait été mis en comparution immédiate avec l'interdiction formelle de m'approcher.

Il allait être jugé, plus vite que je ne l'aurais pensé.

On le somma alors d'aller rapidement récupérer ses affaires à son domicile, ce qui m'affola. Il allait forcément s'en prendre à ma mère ou à mon frère, impossible de le laisser rentrer à la maison sans surveillance. Il fut escorté par le policier en question, qui s'assura de sa bonne conduite.

Vint ensuite le temps du procès.

Toute ma famille, dont mon père, était à mes côtés ce jour-là à Draguignan : toujours ce soutien indéfectible qui m'a aidé à faire face à un stress que je pensais insurmontable. L'affronter après plus d'un an sans l'avoir croisé, devant une audience et non coincée entre les quatre murs d'un huis clos comme l'avait conseillé mon avocate.

J'allais pouvoir le regarder dans les yeux, soutenir

son regard en tant que victime devant témoins.

Après plus de trois heures d'attente dans les couloirs froids du tribunal, ce fut mon tour. Adrien arriva menotté et s'installa derrière une vitre.

Je vais t'affronter bourreau, je vais mettre en lumière tout le mal que tu as fait.

Je me suis sentie soutenue dès mon entrée dans la salle d'audience, le juge m'ayant rassuré avant que je ne me lance dans ce discours que j'avais tant répété dans ma tête.

Alors, je me suis lancée, sentant cette pourriture me regarder à travers sa vitre.

Je ne me souviens plus combien de temps s'est écoulé, ni à quel point je suis entrée dans les détails, encore moins combien de larmes j'ai versé pendant ce terrible monologue.

Je l'avais fait.

J'avais parlé.

Adrien a dû ensuite donner sa version des faits. Sans grande surprise, il nia l'intégralité des faits qui lui avaient été reprochés.Puis, s'enfonçant dans une allocution hasardeuse, hésitante, il finit par tenir des propos incohérents.

La honte peut-être de déballer tant de

mensonges, de montrer des preuves aussi absurdes.

Il ne contrôlait enfin plus rien. Il finit par clamer que j'étais coupable, que le vice était en moi et que je l'avais provoqué.

Son attitude l'avait trahi depuis qu'il avait ouvert la bouche et il ne fallut pas longtemps au juge pour le ramener à la réalité.

« J'aurais une simple question, Monsieur lui dit-il. Pour quelles raisons n'avez vous pas informé votre femme de ces gestes déplacés que votre belle-fille avait l'air de vous infliger. »

Silence absolu.

Aucune réponse. Il venait d'avouer inconsciemment. Sa non réponse a constitué une réponse, pleine de sens.

Après délibération, le verdict est tombé : coupable de corruption sur mineur avec trois ans de sursis avec obligation de suivre un traitement et interdiction de m'approcher pendant trois ans.

Lors de son audience en appel, il ne fit que se ridiculiser en prétendant être victime d'un complot.

Il ne déclara rien pour sa défense.

Son jeu d'acteur était médiocre. Il se permit même de plaisanter sur la notion de prescription qui aurait pu lui faire prendre sept années de prison ferme.

Ma mère pu divorcer quelques semaines plus tard et emmener mon frère à l'abri.

Chapitre 9
Tu n'es plus là où tu étais mais tu es partout là où je suis

Juin 2013. Thomas et moi nous marions, dans un cadre idyllique et entourés de nos proches et amis les plus fidèles. Une cérémonie magique, tout en douceur et remplie d'amour.

Définitivement le plus beau jour de ma vie : j'étais officiellement sa femme. Je me suis unie à lui pour le meilleur et le pire, sachant pertinemment que le pire était maintenant derrière nous. Pour toujours.

L'avenir ne pourrait être que généreux avec nous.

Une année pleine de projets s'est ainsi écoulée. Une année à entendre « Madame », à dire « mon mari » et à apprécier, à me délecter, comme depuis des années déjà, de chaque moment passé dans ses bras. Des noces de coton comme l'on en voudrait tous.

Une bonne nouvelle ne venant jamais seule, la construction de notre petit bonheur ne faisait apparemment que commencer, pierre après pierre.

L'avenir ne pourrait être que radieux pour nous.

Janvier 2014. Nous apprenons que je porte un enfant.

Notre salut, notre lueur d'espoir. La vie grandissait en moi, fruit d'un amour sincère. L'avenir ne pourrait être que radieux pour nous.

Notre bénédiction.

Petit bonheur précoce, né avec deux mois d'avance. Non, l'avenir n'allait probablement pas être plus tendre avec nous. Bien au contraire, il mettait une nouvelle épreuve en travers de notre chemin.

Putain, quand vais-je pouvoir vivre sereinement ?

C'est un matin d'août que j'ai senti le travail commencer, les contractions devenant de plus en plus nombreuses et douloureuses.

Thomas était au travail et ma mère était partie en vacances.

C'est à nouveau sur ma marraine que j'ai pu compter, c'est elle qui m'a conduite à l'hôpital. Thomas est arrivé une trentaine de minutes plus tard au bloc opératoire et a pu assister, à travers une vitre, à la naissance de son fils.

Césarienne inattendue, seule solution pour

garantir la stabilité de son état de santé.

Puis, 190 heures de peau à peau. Des secondes, des minutes à pleurer, des heures à espérer.

Nous sommes restés plus d'un mois à l'hôpital d'Aix en Provence, le cœur vacillant entre les bonnes et les mauvaises nouvelles. Staphylocoque bénin, antibiotiques, anesthésie générale. Ce n'est qu'en septembre que nous avons pu rentrer à la maison, une villa dont nous avions commencé la construction quatre ans auparavant.

Toute la famille nous y attendait, plus heureuse que jamais.

Le soleil semblait rayonner de nouveau.

Notre fils, petit battant, s'était enfin sorti de ces misères, ma mère reprenait doucement sa vie en main et mon frère était devenu un adolescent remarquable.

L'été 2015 présageait de belles journées et nous comptions tous en profiter. Comme en ce jour de juin, le 21 précisément, jour de la fête de la musique. Je nous revois encore autour de la piscine de mes grands-parents.

J'entends encore les éclats de rire de ma mère, les blagues de mon grand-père, les gazouillis de mon fils, les brasses de mon frère.

Mon frère qui, cet après-midi même, avait demandé la permission de rejoindre ses amis réunis sur le terrain de moto-cross. Après un dernier baiser sur le front de mon fils, il prit la route, sur les coups de 14h30.

Éternelle inquiète et n'ayant pas de nouvelle de lui, ma mère décida de l'appeler vers 18h00.

« Madame, vous êtes la mère du jeune homme à qui appartient le téléphone ? lui demanda une femme.
- Oui, que se passe-t-il ? pourquoi ne répond-il pas ? Ou est-il ? hurla ma mère.
- Il a été transporté par le SAMU à l'hôpital Saint Anne de Toulon suite à un grave accident de moto »

Mon frère n'avait pas décroché. J'avais compris que quelque chose de grave venait de se passer.

Nous arrivons à Toulon vingt minutes plus tard.

« Il est actuellement au bloc opératoire, tout est sous contrôle . Nous avons pu arrêter les hémorragies internes mais il va falloir lui faire passer un scanner pour constater d'éventuels dommages au niveau du cerveau nous explique un des médecins »

Ma mère pensait déjà au coma alors que je l'imaginais se réveiller et me sourire.

Nous attendons. Des heures.

Pour s'entendre dire qu'il ne lui restait plus que dix minutes à vivre. Les médecins n'ont rien pu faire.

Impossible. C'était impossible. Le temps s'était arrêté.

Mon coeur de battre aussi.

Un dernier adieu. Un dernier baiser sur ce visage angélique qui ne semblait que dormir.

Il a fallu rentrer. L'annoncer à mes grands-parents et à Thomas. A ma meilleure amie, à mon père. Annoncer cela, alors que l'on n'y croit à peine, que l'on ne le conçoit pas. C'est forcément un cauchemar, on va se réveiller et je le verrais demain.

Oui, je le verrais demain.

J'entendrais à nouveau ses brasses dans la piscine. Pourtant.

Le temps était venu de choisir sa dernière demeure. Et jusque dans ce moment terrible, Adrien resta Adrien. Son fils venait de mourir et sa seule pensée : se faire entièrement rembourser les frais des pompes funèbres par la mutuelle.

Bâtard. Jusqu'à la moelle.

Une foule incroyable s'est jointe à nous le jour de la cérémonie funèbre et encore aujourd'hui nous nous réunissons pour célébrer sa mémoire.

Chaque 21 juin, à 21h10, nous lâchons des bouquets de ballons dans les airs.

Chapitre 10
L'épreuve de trop

Le deuil, ce long processus dont on ne se remet jamais. Cet état de tristesse profond, ce sentiment de manque intense. On est assaillis par les souvenirs, bouffé par les regrets, rongé par la culpabilité.

Impuissants, voilà ce qui doit être le pire. Se sentir impuissant.

Et que sa vie en pâtisse plus que ce que l'on aurait pensé.

J'étais dans un état de nerfs constant, en voulant à la terre entière. Je ne supportais plus de me lever, de manger, de me coucher. Mais surtout d'entendre les cris de mon fils que je n'arrivais finalement plus à gérer comme je l'aurais voulu.

J'étais une sœur en deuil et je devenais une mère de plus en plus triste et aigrie.

Je me terrifiais mais n'arrivais pas à lutter contre moi-même.

Il fallait que j'encaisse, plus vite. Que je ne sombre pas dans une dépression de laquelle je n'aurais pas pu me défaire. Il fallait que je me reprenne.

Cinq ans plus tard, je tombe enceinte de mon deuxième enfant.

Nouvelle lueur d'espoir.

Et comme à chaque fois j'entrevois quelque chose de merveilleux, je me dis que la vie m'accorde enfin ce que je mérite tant. La paix. Et comme à chaque fois, je me trompe.

Né à sept mois, comme son frère, mon second fils est arrivé au monde dans un tourbillon de complications.

Sommée une nouvelle fois de me rendre aux urgences, je sens que le cauchemar recommence. Le schéma se répète.

Pourquoi ? Pourquoi encore ? Pourquoi encore moi ? Encore nous ? Pourquoi ?

L'accouchement bien qu'éprouvant se passe sans heurts et cette fois, Thomas est à mes côtés.

Toutefois, en tant que nouveau-né prématuré, mon fils est attentivement suivi par l'équipe médicale. Un médecin procède aux premiers examens consistant à la vérification du fonctionnement des organes vitaux.

Elle semble confiante de prime abord.

Mais après quelques minutes d'examens plus

approfondis, nous revoilà face au cauchemar.

« Je vais devoir appeler un confrère pour m'assurer de certaines choses »

À ce moment-là, toutes, absolument toutes les hypothèses nous passent par la tête. Un problème respiratoire, un problème cardiaque... L'angoisse nous envahit et nous ne sommes plus que les ombres de nous-même. Abattus.

Encore.

Notre fils avait fait un AVC.

Ce qui nous attendait : rééducation, psychomotricité et stress perpétuel. Je ne pouvais pas m'empêcher de me sentir coupable de son état de santé. Qui d'autre aurait pu être responsable de cela à part moi ? Il avait grandi au creux de moi.

Et pendant que mon second se battait pour rester en vie, mon premier se sentait délaissé, sans mère, ni père, ni petit frère.

Une mauvaise mère, voilà tout ce que j'étais. Qui ne savait ni comment les garder en bonne santé ni comment s'en occuper.

Thomas comprit rapidement que j'étais en train de sombrer et me conseilla d'aller consulter un spécialiste. Je mis du temps à accepter de devoir me faire aider psychologiquement. J'avais subi tellement d'épreuves que je pensais avoir surmontées ou du moins outrepassées.

Mais je n'avais fait qu'accumuler.

Je sentais que je perdais le contrôle de ma vie.

Quoi que je dise et quoi que je fasse, rien n'était en adéquation avec ma personnalité véritable. Je survivais, entre le fond et la surface.

Je ne trouvais plus de goût à rien et m'éloignais à nouveau de ma famille.

Et, alors que je pensais lui avoir fermé la porte de mon esprit, Adrien commença à s'y refaire une place. Je me suis mise à m'identifier à lui, à voir en lui mon propre reflet. A me considérer tout comme lui, dépouillée du moindre contrôle sur moi-même.

J'allais forcément faire n'importe quoi.

J'échoue constamment, je ne suis bonne à rien, je ne manquerais sûrement à personne. Après tout, la vie me l'avait bien montré non ?

Il m'a fallu rencontrer quelques spécialistes, psychologues, sophrologues, afin de trouver le programme qui me correspondrait le mieux.

La démarche, aussi bénéfique soit-elle, n'est pas

chose aisée, entre l'acceptation de la souffrance et la libération de la parole.

J'avais entamé le processus de guérison.

Je reprenais péniblement le cours de ma vie.

Jour après jour, mois après mois, toujours entourée et soutenue par ma famille. Cette famille qui avait tant souffert, ballotée entre moments magiques et événements tragiques.

Cette famille qui s'était soudée à l'acier au fil des années.

Et qui allait pourtant devoir traverser encore une sombre période. Qui allait devoir dire adieu à un autre membre, un peu plus d'un an après la naissance de mon deuxième enfant.

Lui qui avait tant enduré et qui ne supportait plus de voir la maladie le bousiller.

Lui. Son charisme, ses mains cornées, ses blagues. Lui qui a choisi le moment de son départ.

Lui qui, comme mon frère, nous manque chaque jour un peu plus.

Mon grand-père.

REMERCIEMENTS

Je tiens en premier lieu à remercier chacun des membres de ma famille pour leur soutien immuable. Ma mère, ma marraine, mon mari, mon père, mon oncle, ma grand-mère, mon cousin.

Tous ceux qui ont cru en moi et avec qui j'ai partagé autant de larmes de joies que de tristesse.

Mes pensées toutes particulières vont à mon frère et mon grand-père qui m'ont apporté de la force par leur présence et du courage par leur absence. Mes étoiles, mes guides, mes anges gardiens.

Merci infiniment à vous toutes et tous.

Maman, reine de mon cœur, modèle de ma vie. Je t'adresse mes sentiments d'amour, de gratitude et de reconnaissance les plus sincères. Je t'aime et te remercie d'être qui tu es, de ne jamais avoir abandonné et d'avoir toujours chercher à nous apporter le meilleur. Merci de tes sacrifices, de tes conseils et de tes mises en garde. De ta persévérance, de ta solidité et de tes valeurs.

Tu es une mère formidable, une belle-mère sans égale et une grand-mère absolument incroyable.

Merci d'avoir été, d'être et de rester à mes côtés.

Marraine, mon amie la plus proche, ma confidente la plus censée. Je veux te dire à quel point je te remercie de tout ce que tu as fais pour moi. Ma voie de la raison. Celle qui m'a aidé à emprunter les bons chemins à chaque fois que les croisements se présentaient. Merci de tes avis et de tes avertissements. De ta grandeur de cœur, mais aussi de la patience et la compréhension dont tu as fais preuve avec moi tout au long de ces années.

Tu es une tante exceptionnelle et une grande tante merveilleuse de sagesse et de tendresse.

Merci fortement d'avoir tant épaulé et soutenue.

Thomas, mon meilleur ami, l'homme de ma vie, le premier et le dernier. Entends comment et combien je t'aime et je suis fière d'être ta femme. Merci de m'avoir toujours écoutée et jamais jugée. D'avoir cru en moi et de m'avoir inlassablement tirée vers le haut. De m'avoir donné deux enfants magnifiques et de me combler chaque jour.

Tu es un homme infiniment bon, ambitieux, un mari dévoué à ta famille.
Merci de tout mon cœur pour ton amour infaillible.

Je remercie ma belle cousine pour sa lecture, ses conseils et son appui, sans lesquels la parution de ce livre n'aurait pas été rendu possible.
Egalement mon cousin, auteur du dessin de la couverture qui a donné un visage à cet ouvrage.